LONDON

NEW YORK

PARIS

ACCRA

TOKYO

BALI

SYDNEY

SHANGHAI

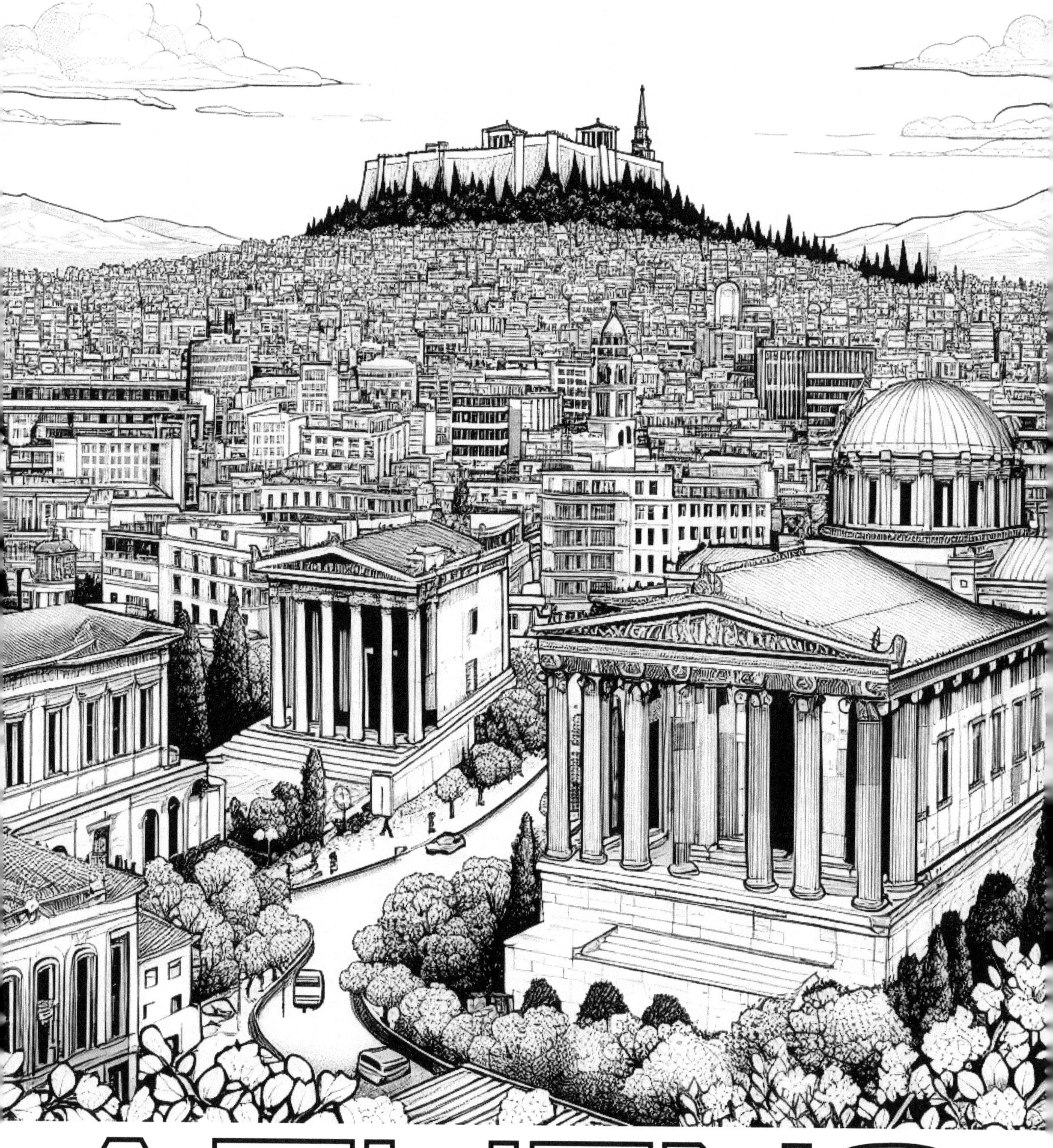

ATHENS

CHICAGO

CAPE TOWN

DUBAI

ROME

LOS ANGELES

CAIRO

RIO DE JENERIO

SAN FRANCISCO

BARCELONA

INSTABUL

BERLIN

SEOUL

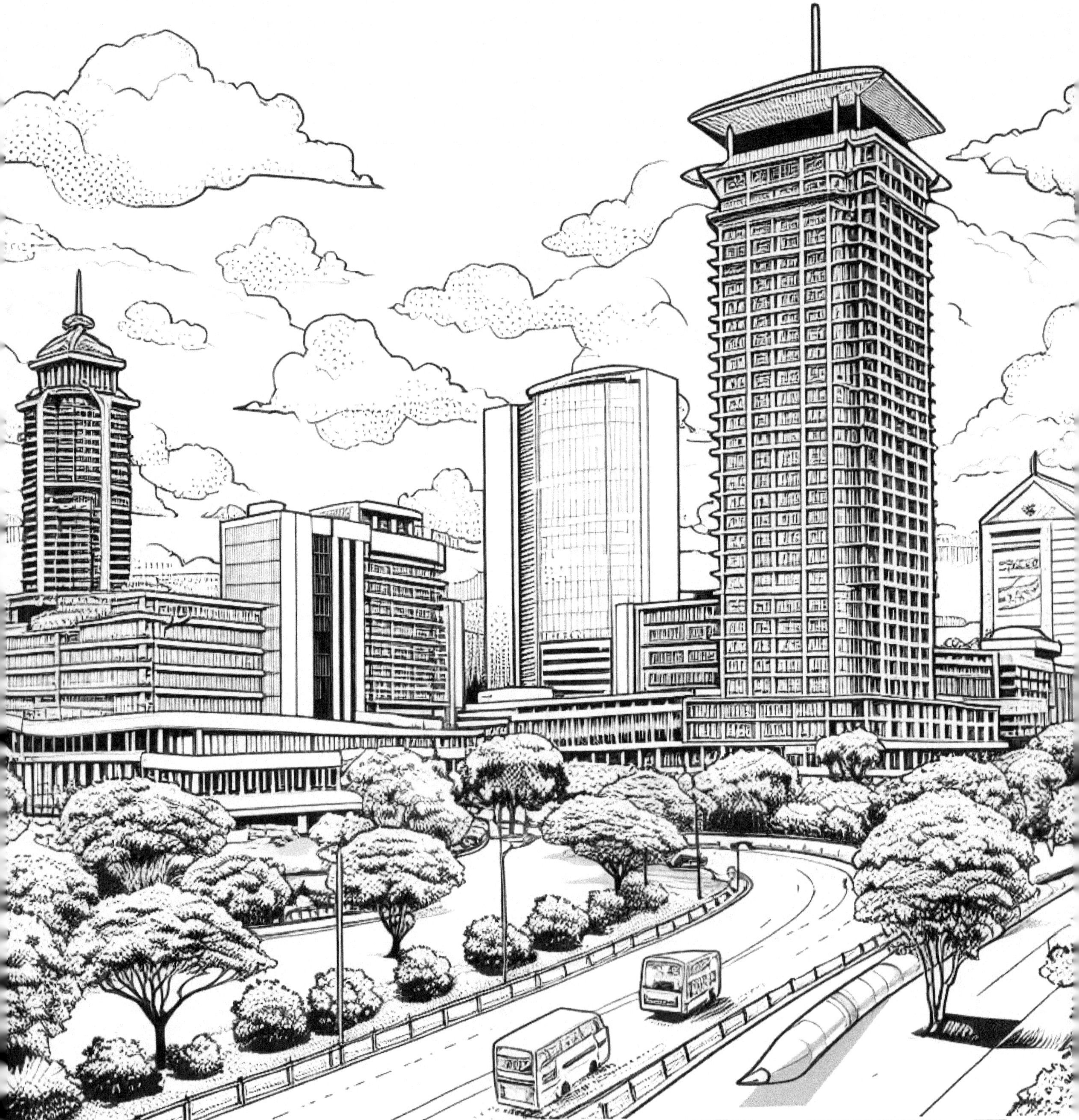

NAIROBI

SAN FRANCISCO

HONG KONG

LAGOS

ATHENS

KUALA LUMPER

TORONTO

BEIJING

NAIROBI

www.ingramcontent.com/pod-product-compliance
Lightning Source LLC
Chambersburg PA
CBHW081026040426
42444CB00014B/3363
9781917052047